AF246912

SCIENCE ET RELIGION
Etudes pour le temps présent

APOLOGIE

DU

CULTE CATHOLIQUE

PAR

M. l'Abbé MOUSSARD

Chanoine de la Métropole de Besançon

« Les rites et les pratiques sont aux vérités religieuses ce que les signes sont aux idées ».

PORTALIS.

« Le culte tel que l'entend la religion catholique s'adapte à toutes les intelligences ».

PASCAL.

PARIS

LIBRAIRIE BLOUD & Cⁱᵉ

4, RUE MADAME ET RUE DE RENNES, 59

1903

Tous droits réservés.

SCIENCE ET RELIGION

Études pour le temps présent. — Prix : 0 fr. 60 le vol.

— **Certitudes scientifiques et certitudes philosophiques**, par l
R. P. DE LA BARRE, S. J., prof. à l'Institut catholique de Paris. 1 vol

— *Du même auteur :* **L'Ordre de la nature et le Miracle.** 1 vol

— **L'Ame de l'homme**, par J. GUIBERT, supérieur du séminaire d
l'Institut catholique de Paris. 1 vol

— **Faut-il une religion ?** par l'abbé GUYOT. 1 vol

— *Du même auteur :* **Pourquoi y a-t-il des hommes qui ne pro**
fessent aucune religion ? 1 vol

— **Nécessité scientifique de l'existence de Dieu**, par P
COURBET. 1 vol

— *Du même auteur :* **Jésus-Christ est Dieu.** 1 vol

    id. **Convenance scientifique de l'Incarna-**
tion. 1 vol

— **Études sur la pluralité des mondes habités et le dogme d**
l'Incarnation, par le R. P. ORTOLAN.

I. — *L'Epanouissement de la vie organique à travers les plaines*
l'infini. 1

II. — *Soleils et terres célestes.* 1

III. — *Les Humanités astrales et l'Incarnation.* 1

— *Du même auteur :* **La Fausse Science contemporaine et le**
Mystères d'Outre-tombe. 1 vo

    id. **Vie et Matière ou Matérialisme et spiritua**
lisme en présence de la Cristallo
génie. 1 vo

    id. **Matérialistes et Musiciens.** 1 vo

— **L'Au-delà ou la Vie future d'après la foi et la science**, pa
l'abbé J. LAXENAIRE. 1 vo

— **Le Mystère de l'Eucharistie. — Aperçu scientifique**, pa
l'abbé CONSTANT. 1 vo

— *Du même auteur :* **Le Mal, sa nature, son origine, sa répa**
ration. 1 vo

— **L'Eglise catholique et les Protestants**, par G. ROMAIN. 1 vo

— *Du même auteur :* **L'Inquisition, son rôle religieux, politique** e
social. 1 vo

— **Mahomet et son œuvre**, par I. L. GONDAL, professeur d'apol
gétique et d'histoire au séminaire Saint-Sulpice. 1 vo

— *Du même auteur :* **L'Eglise Russe.** 1 vo

— **Christianisme et Bouddhisme** (*Etudes orientales*), par l'abb
THOMAS, vicaire général de Verdun. 2 vo

— *Du même auteur :* **Dieu auteur de la vie.** 1 vo

    id. **La Fin du monde d'après la Foi.** 1 vo

— **Où en est l'hypnotisme, son histoire, sa nature et ses danger**
par A. JEANNIARD DU DOT, auteur du *Spiritisme dévoilé.* 1 vo

— *Du même auteur :* **Où en est le Spiritisme.** 1 vo

    id. **L'Hypnotisme et la science catholique.** 1 vo

    id. **L'Hypnotisme transcendant en face de l**
philosophie chrétienne. 1 vo

— **L'Anima... Pensefffffme et l'Animal tout court**, *étude de psycho-loai comparée*, par C. DE KIRWAN. 1 vol.

— **La Conception catholique de l'Enfer**, par M. BRÉMOND, docteur en théologie, professeur de dogme au grand séminaire de Digne. 1 vol.

— **L'Eglise russe**, par J.-L. GONDAL, professeur d'apologétique et d'histoire au grand séminaire Saint-Sulpice. 1 vol.

— **La Fausse Science contemporaine et les Mystères d'Outre-tombe**, par le R. P. Th. ORTOLAN, O. M. I. 1 vol.

— *Du même auteur :* **Vie et Matière** ou **Matérialisme et Spiritua-lisme en présence de la Cristallogénie.** 1 vol.

— *Du même auteur :* **Matérialistes et Musiciens.** 1 vol.

— **Le Mal**, sa nature, son origine, sa réparation. *Aperçu philosophique et religieux*, par l'abbé M. CONSTANT, docteur en théologie, lauréat de l'Institut catholique de Paris. 1 vol.

— **Dieu auteur de la vie** par M. l'abbé THOMAS, vicaire général de Verdun. 1 vol.

— *Du même auteur :* **La Fin du monde d'après la foi et la science.** 1 vol.

— **L'Attitude du catholique devant la Science**, par G. FONSEGRIVE, directeur de la *Quinzaine*. 1 vol.

— *Du même auteur :* **Le Catholicisme et la Religion de l'Esprit.** 1 vol.

— **Du Doute à la Foi**, le besoin, les raisons, les moyens, les devoirs, la possibilité de croire, par le R. P. TOURNEBIZE. S. J. 1 vol.

— **La Synagogue moderne**, sa doctrine et son culte, par A. F. SAU-BIN. 1 vol.

— **Evolution et Immutabilité de la doctrine religieuse dans l'Eglise**, par M. PRUNIER, supérieur du gr. séminaire de Séez. 1 vol.

— **La Religion spirite**, son dogme, sa morale et ses pratiques, par I. BERTRAND. 1 vol.

— **L'Hypnotisme franc et l'Hypnotisme vrai**, par le docteur HÉLOT, auteur de *Névroses et Possessions diaboliques*. 1 vol.

— **Convenance scientifique de l'Incarnation**, par Pierre COURBET, ancien élève de l'Ecole polytechnique. 1 vol.

— **L'Eglise et le Travail manuel**, par M. l'abbé SABATIER, lu clergé de Paris, docteur en droit canon. 1 vol.

— **L'Inquisition**, son rôle religieux, politique et social, par G. ROMAIN, auteur de : *L'Eglise et la Liberté.* 1 vol.

— **Unité de l'espèce humaine** *prouvée par la Similarité des conceptions et des créations de l'homme*, par le marquis de NADAILLAC. 1 vol.

— **Le Socialisme contemporain et la Propriété.** — *Aperçu his-torique*, par M. Gabriel ARDANT auteur de la *Question agraire*. 1 vol.

— **Pourquoi le Roman immoral est-il à la mode et pourquoi le Roman moral n'est-il pas à la mode ?** *Etude sociale et littéraire*, par G. d'AZAMBUJA. 1 vol.

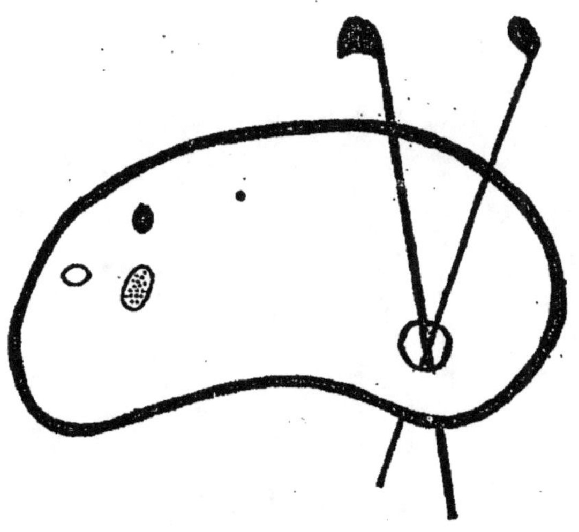

FIN D'UNE SERIE DE DOCUMENTS
EN COULEUR

APOLOGIE

DU

CULTE CATHOLIQUE

Archevêché de Besançon, 1er juin 1902.

MONSIEUR LE CHANOINE,

J'accorde volontiers l'*imprimatur* à la nouvelle étude dont vous avez bien voulu me confier le manuscrit et que vous nous proposez de publier sous ce titre : **Apologie du culte catholique.**

Aussi bien un travail de ce caractère porte en soi de quoi intéresser et édifier quand on le compose comme il convient. Vous en donnez la preuve.

B. LALIGANT.

v. g.

APOLOGIE

DU

CULTE CATHOLIQUE

PAR

M. l'Abbé MOUSSARD

Chanoine de la Métropole de Besançon

« Les rites et les pratiques sont aux vérités religieuses ce que les signes sont aux idées ».

PORTALIS.

« Le culte tel que l'entend la religion catholique s'adapte à toutes les intelligences ».

PASCAL.

PARIS

LIBRAIRIE BLOUD & Cie

4, RUE MADAME ET RUE DE RENNES, 59

1903

Tous droits réservés

APOLOGIE
DU CULTE CATHOLIQUE

Pour donner à ce sujet les développements qu'il comporte, nous avons à parler du culte catholique en général et en particulier de chacune des formes sous lesquelles l'Eglise le pratique.

PREMIÈRE PARTIE

Du culte catholique en général; sa nécessité, ses avantages, ses beautés.

I

NÉCESSITÉ DU CULTE CATHOLIQUE

Quand il est question de la nécessité du culte, il ne peut venir à l'esprit de personne qu'il s'agit du culte intérieur ; il suffit d'admettre que Dieu est la vérité même, l'auteur de tout bien et la perfection infinie, pour se sentir obligé de croire à sa parole, d'espérer en

lui et de l'aimer. Or, la Foi, l'Espérance et la Charité
sont les actes principaux du culte intérieur ; c'est donc
du culte extérieur que nous affirmons ici la nécessité,
et non seulement nous l'affirmons, mais nous donnons
nos preuves.

D'abord, une preuve de fait : au xvi° siècle, les protestants voulurent supprimer les cérémonies ; l'orgue,les cloches,certaines pratiques extérieures leur parurent choses
monstrueuses. Or, aujourd'hui, dans plusieurs pays, on
a repris tout cela, parce qu'on a compris qu'en refoulant
les manifestations de la piété, on portait à la piété elle-
même un coup mortel. « En voulant raffiner pour épu-
rer la religion chrétienne, dit un protestant, on ne nous
a laissé qu'un squelette (1). » Voyez à notre époque sur
quoi les libres penseurs s'acharnent principalement ; ils
ne veulent ni prières publiques, ni processions, ni fêtes ;
unissons-nous, disent-ils, comme au temps de David,
pour abolir tous les jours consacrés à Dieu ; ah ! c'est
qu'ils savent trop bien que toute la religion réduite au
spirituel est bientôt reléguée dans l'empire de la lune, ou,
si j'ose me servir de l'expression de Wohlfart, dans un
grenier à foin. Si eux-mêmes parmi nous sont revêtus
d'une autorité qui commande respect et obéissance,
qu'on les dépouille des dehors imposants dont ils s'envi-
ronnent, et on verra quel cas on fera demain de leur personne et de leurs ordres.

Ces deux faits peuvent convaincre les esprits sincères
et de bonne foi , essayons de persuader ceux qui s'obsti-
nent. Dieu qui s'occupe du papillon qui vole et de l'in-
secte qui rampe, n'a pas pu demeurer étranger à la manière dont l'homme doit remplir le plus grand et le
plus noble de ses devoirs envers la divine majesté ; c'est

______

(1) Saumaise. — *Religio religionis honore destituta.*

donc lui qui, directement ou par l'intermédiaire des apôtres et de son Eglise, a déterminé les pratiques et les cérémonies du culte ; et, de plus, presque toutes ces cérémonies sont un véhicule par lequel nous arrive la doctrine. Or, nous allons voir bien vite que ces deux raisons
nous obligent, et en conscience et dans notre plus cher
intérêt, de les conserver.

Mais est-il bien vrai que le culte catholique est directement ou indirectement d'institution divine ? Renan l'a
nié ; il a écrit et enseigné que Jésus-Christ n'a établi
qu'une religion de l'esprit, une religion dégagée de tout
culte extérieur, *une religion absolue*. Eh bien, la vérité,
la voici : Notre-Seigneur a autorisé par sa conduite le
culte extérieur de la nation juive, témoins sa présenta-
tion au temple, sa soumission aux prescriptions de la
loi, sa présence aux fêtes de la Synagogue. son zèle à
préserver de la profanation la maison de Dieu, le respect
qu'il exige du peuple à l'égard des maîtres qui président
aux oblations. Est-il admissible qu'ayant voulu. pratiqué, recommandé les cérémonies de l'Ancien Testament,
il leur ait refusé l'entrée de l'Eglise nouvelle ? Du reste,
venons au fait. Jésus-Christ n'a-t-il pas institué un sacerdoce ? un sacerdoce sans culte extérieur est une institution sans but. Jésus-Christ n'a-t-il pas établi un sacrifice ? l'oblation d'un sacrifice suppose des cérémonies. Jésus-Christ ne nous a-t-il pas appris à prier
vocalement, pratiqué hymne et rite en consacrant l'Eucharistie, loué l'attitude du publicain dans le temple,
soufflé sur les apôtres pour leur communiquer le Saint-
Esprit ? Voilà bien le culte extérieur.

Quant aux apôtres eux-mêmes, l'histoire nous atteste
qu'après avoir fondé des chrétientés, ils leur ont laissé
de la part du Sauveur et le dépôt de la foi et un rituel
prescrivant des fêtes à célébrer, des rites à observer,

des cérémonies à pratiquer. Or, ce récit de l'histoire est d'autant moins contestable que, si je me place à une époque quelconque de la vie de l'Eglise, j'y trouve, en effet, des populations amenées au bercail de Jésus-Christ et fidèles à suivre ce rituel, sans qu'il apparaisse nulle part d'autres noms d'auteurs que ceux des douze premiers compagnons du Sauveur Jésus.

Que la conclusion à déduire soit celle-ci : donc, il est très vrai que les cérémonies du culte catholique sont un héritage de Jésus-Christ ; et j'ajouterai, moi : donc ce serait une ingratitude et un injurieux procédé de les supprimer ou de les remplacer par d'autres.

Est-il vrai encore que les cérémonies pratiquées dans l'Eglise sont un moyen de perpétuer parmi nous les vérités de la foi ? « Nier l'utilité des rites et des pratiques en matière de dogme, dit Portalis, c'est faire preuve de déraison et d'ineptie : Les rites et les pratiques sont aux vérités religieuses ce que les signes sont aux idées (1). » Mais voyez un peu si le cycle annuel de nos fêtes n'est pas en effet un cours complet de dogme : le dimanche nous rappelle la création ; une fête spéciale, le mystère fondamental de la Trinité ; Noël, l'Incarnation, le Vendredi saint, la Rédemption ; Pâques, la Résurrection, la Pentecôte, la fondation de l'Eglise et les merveilles de l'Esprit-Saint dans les âmes ; la Toussaint, nos immortelles destinées ; trois ou quatre autres fêtes, les grandeurs et les vertus de notre céleste mère. Et aussi bien, toutes les fois qu'il s'est agi d'écarter du symbole de dangereuses nouveautés, l'Eglise s'est armée des professions muettes, mais énergiques que nous désignons sous le nom de rites, de formules de prières et

____

(1) *De l'usage et de l'abus de l'esprit philosophique*, t. II, p. 162.

de cérémonies ; au ive siècle, les Ariens ont paru, les
Pères leur ont opposé les cantiques de la primitive
Eglise qui attribuent la divinité à Jésus-Christ. Lorsque,
au ve siècle, les Pélagiens ont exagéré les forces de la
nature, on leur a montré que de tout temps il y a eu
dans l'Eglise des prières pour obtenir le secours de la
grâce ; même manière de faire dans les temps modernes :
les anciennes liturgies des Eglises d'Orient ont été d'un
puissant secours pour établir l'antique croyance à la
présence réelle et au purgatoire.

Et derechef, la conséquence à tirer sera celle-ci :
puisque le culte extérieur sert d'appui aux dogmes de
notre foi, ne pas en admettre la nécessité, ce serait livrer au caprice ou à l'oubli le symbole catholique.

Mais ce n'est pas seulement dans l'Eglise et pour
l'Eglise que le culte extérieur est nécessaire ; les sociétés
humaines ne peuvent pas plus s'en passer que la société
des âmes : on bâtirait plutôt une ville en l'air, dit Plu-
tarque, qu'on ne formerait une société sans religion ; et
on peut ajouter qu'on en bâtirait plutôt une autre sur la
mer, qu'on établirait une religion sans culte extérieur.
Si donc on veut qu'une société subsiste et prospère,
qu'on se hâte d'y élever à Dieu un trône, que les membres de cette société viennent à l'envi lui rendre le culte
qui lui est dû et que par là ils obtiennent de sa bonté
la lumière, la volonté et la force de se traiter mutuelle-
ment comme des frères.

Il faut d'abord que Dieu y ait un trône et que, du haut
de ce trône, il reçoive des hommages publics et solen-
nels ; c'est de lui que les sociétés dépendent aussi bien
que les individus ; elles s'agitent et Dieu les mène ; pas
un événement ne s'y passe sans qu'il ne l'ait voulu ou
permis ; si elles déclinent ou menacent ruine, c'est un
effet de sa colère ; si elles se relèvent, c'est *par sa main*

puissante et son bras étendu (1). Il est donc juste encore une fois qu'elles s'inclinent devant lui et reconnaissent son souverain domaine par des prières, des supplications et des sacrifices.

Mais en même temps, les membres dont elles se composent doivent se souvenir qu'entre eux ils ont des devoirs difficiles à remplir, et que, pour y être fidèles, il leur faut une force surnaturelle. Qu'on ne me parle pas d'une société d'hommes étrangers aux pratiques religieuses dans laquelle règnent une paix solide et une véritable amitié ; il n'y en a point sous le soleil. Quand on a dit d'une nation : *Numen abire jubent, prohibent discedere leges* (2), on en voit sortir avec Dieu toutes les lois, et il n'y reste plus que l'égoïsme, les passions et l'intérêt. Eh bien, qu'on essaie d'établir et de maintenir l'harmonie avec ces trois éléments !

Il nous reste à montrer que l'homme, je dis l'homme pris isolément, réclame aussi le culte extérieur. Il le réclame par son organisation physique, sa constitution morale et son tempérament religieux. — J'aime ce mot de saint Basile : « Le corps humain organisé comme il l'est, est un psaltérion et ses actions sont les psaumes qu'il chante (3). » Oui, de même qu'il y a des êtres qui, par la disposition de leurs organes, ont besoin de voler, de nager, de ramper, de courir, ainsi le corps humain par sa structure est un instrument disposé, d'après les règles de la musique, pour chanter en paroles ou en actes des hymnes à son créateur et maître. — Au moral plus encore qu'au physique, l'homme est d'une constitution qui l'oblige à communiquer extérieurement avec

(1) *Deutéronome* v, 15.

(2) Ils veulent chasser Dieu et retenir les lois.

(3) *Sculptura corporis psalterium quidem est ; ipsa e viro corporis actiones psalmi. Homil. in psalm. XXIX.*

Dieu. Qui oserait le nier après l'avoir observé dans ses rapports avec le monde qu'il foule aux pieds ou qui l'environne ? Je l'entends pousser un cri de frayeur au moment où la terre tremble ; je le vois s'extasier en paroles et en gestes devant un chef-d'œuvre de sculpture ou de peinture ; s'il retrouve un objet précieux qu'il croyait perdu, ou un ami après une longue absence, la joie se reflète dans ses yeux et sur toute sa physionomie ; en un mot, à chacune des émotions qu'il éprouve correspond un son ou un mouvement dont il ne peut se défendre. Or, s'il est une circonstance dans la vie où le chrétien éprouve des sentiments de crainte filiale, des transports d'admiration, une joie douce et profonde, c'est bien à coup sûr lorsqu'il se recueille en présence de Dieu. Nécessairement alors, alors surtout, il faut à l'esprit une issue pour ses pensées et au cœur pour ses sentiments. Est-ce que Madeleine, sous l'impulsion de son amour et de sa reconnaissance, ne se jette pas aux pieds du Sauveur sans tenir compte des critiques du pharisaïsme ? Est-ce qu'on peut empêcher l'aveugle de Jéricho, qui vient d'être guéri, de chanter avec la foule émerveillée les louanges de son bienfaiteur ? Est-ce qu'environné des douces clartés du Thabor, saint Pierre n'adresse pas à l'Homme-Dieu une prière qui témoigne de son ravissement ? Ajoutons que par son tempérament religieux, comme par son organisation physique et sa constitution morale, l'homme a besoin d'un culte extérieur. Si nous lui offrons le culte catholique, il s'y délecte comme dans son élément vital, et plus il le pratique, plus il grandit, se développe et se surnaturalise ; que si nous le laissons à lui-même, il ne s'en passera pas pour cela ; il consultera les devins, il pratiquera les sortilèges, et ouvrira, dit Chateaubriand, les antres des sorciers. En somme, il me faut, à moi animal religieux, ou le

culte de la cité de Dieu ou le culte de la cité du diable.
C'est un redoutable *entweder oder* (1), mais c'est comme
cela !

Ce que nous venons de dire de la nécessité où nous
sommes d'exprimer par des rites et des cérémonies le
culte que nous rendons intérieurement, à Dieu, Pascal
l'exprime brièvement, mais excellemment en ces termes :
« Le culte, tel que l'entend la religion catholique,
s'adapte à toutes les intelligences : une religion qui serait toute en extérieur serait plus populaire, mais ne serait pas pour les gens habiles ; une religion purement
intellectuelle serait plus proportionnée aux habiles, mais
ne servirait pas au peuple ; seule, la religion catholique
est proportionnée à tout, étant mêlée d'intérieur et
d'extérieur ; elle élève le peuple à l'intérieur et abaisse
les superbes à l'extérieur ; elle ne serait pas parfaite
sans les deux (2). »

On fait des objections contre la nécessité du culte extérieur ; la moins insignifiante, la seule qui vaille une
réponse, se présente sous cette forme : En présence de
l'Etre des Etres, d'un Dieu infini en sainteté, en puis-
sance, en sagesse, l'homme n'est qu'une créature infime,
ou, comme dit encore Pascal, une sorte de *roseau pensant*.
Dès lors, comment se persuader qu'un encens parti de si
bas puisse arriver si haut, et surtout y répandre un
parfum tellement agréable, que Dieu ne veuille pas s'en
passer ?

Si Dieu ne veut pas se passer de nos hommages, ce
n'est pas parce qu'il en a besoin, mais parce qu'il aime
l'ordre, et qu'il est dans l'ordre que la créature témoigne

---

(1) Terme usité en Allemagne pour exprimer une *alterna-
tive*.

(2) *Pensées de Pascal*, t. II, p. 350, édit. Faugeor.

respect et amour à son bienfaiteur et maître. Quant à la distance qui sépare l'homme de Dieu, il ne nous plaît pas qu'on la fasse trop ressortir. Pourquoi vouloir tant abaisser l'homme ? n'est-ce pas pour le soustraire au regard de Dieu et lui laisser pleine liberté de s'ébaudir dans les voluptés de ce monde ? Eh bien, non. L'homme est le chef-d'œuvre de la main de Dieu, le roi de la création, l'image vivante et parlante de l'auguste Trinité ; même après sa chute, il conserve encore des traces si visibles de sa primitive grandeur, que l'ange lui-même le reconnaît pour son frère. D'un autre côté, pourquoi donner à Dieu de la hauteur, au lieu de lui donner de la grandeur. Si Dieu se drape dans sa majesté, jouit de sa félicité et laisse le monde aller comme il va, c'est de la hauteur. Si, après m'avoir fait don de l'existence, il veut bien me suivre du regard, prendre en compassion ma faiblesse, s'occuper même de mes cheveux, je proclame sur les toits qu'il est grand ; mais une telle grandeur ne saurait dédaigner mes hommages. En résumé, mettons la créature un peu plus haut, mettons le créateur un peu plus bas, et nous reconnaîtrons sans peine que ces deux êtres ainsi rapprochés doivent échanger entre eux des sentiments et des paroles.

Du reste, nous avons été baptisés et le baptême nous a conféré des titres qui nous élèvent jusqu'à l'ordre surnaturel et nous transfigurent ; mieux que cela encore : le culte que nous rendons à Dieu, nous le lui rendons avec Jésus-Christ, en Jésus-Christ, par Jésus-Christ et, de la sorte, nous honorons Dieu d'une manière digne de lui.

II

AVANTAGES DU CULTE CATHOLIQUE

Grâce à son magnifique cortège de rites et de cérémonies, l'Eglise, comme son divin fondateur, passe en faisant le bien. C'est d'abord ce qu'attestent tous les esprits élevés et tous les nobles cœurs : la pieuse reine, Elisabeth de Portugal, avait coutume de dire, qu'en étalant son culte, la religion attire les âmes à Dieu par ce qu'elles ont de terrestre ; un vigoureux penseur est d'avis que les institutions religieuses, processions, stations, génuflexions, bénédictions, inclinations assouplissent le cœur à la piété et courbent l'esprit vers la foi (1). Joseph Droz, dans ses *Aveux d'un philosophe chrétien*, nous laisse en particulier celui-ci : « J'ai longtemps regardé les églises comme des ateliers de superstitions ; j'y entrais quelquefois, tantôt par une vaine curiosité, tantôt par un désir plus réfléchi d'observer. Un jour j'aperçus des personnes que divisaient leurs opinions politiques et qui se trouvaient agenouillées près du même autel ; leurs visages étaient calmes ; elles lisaient

(1) *Pensées, essais et maximes de J. Joubert*, t. I, p. 119.

attentivement et les livres qu'elles avaient entre les mains les obligeaient à prier les unes pour les autres. Cette idée m'inspira de douces réflexions ; à la vue de cette foule recueillie et silencieuse, je me sentis profondément ému (1). » On pourrrait citer encore le Comte de Maistre : « Je crois sur mon honneur, dit-il, que si le culte extérieur et public ne s'opposait pas à la dégradation universelle, nous deviendrions de véritables brutes (2). »

Mais voyons en quoi précisément le culte catholique est avantageux : dans l'ordre moral, il adoucit les fatigues du travailleur qui mange du pain à la sueur de son front ; il console ceux qu'attriste l'infortune ou la maladie, il ouvre une région plus sereine et plus belle aux âmes qui s'affaissent et qui rampent.

Les écoles modernes d'économie politique considèrent le travail comme la loi suprême de l'homme et dans l'homme lui-même elles ne voient qu'une machine plus ou moins précieuse, selon qu'elle est plus ou moins productive. Or, l'Eglise entend les choses autrement, et voici qu'elle intervient en faveur de l'ouvrier ; en vertu de son autorité de mère, elle interrompt la douloureuse continuité du travail par le repos du dimanche et les solennités chrétiennes : qu'on se figure l'agréable transition de l'homme-machine, qui sort de l'atelier ou de la mine souterraine et se rend à l'église un jour de fête ; son œil est ravi par la vue d'une splendide ornementation, l'harmonie des saints cantiques charme son oreille, son cœur surtout est réconforté et ému par les paroles du ministre de Dieu qui lui rappelle ses glorieuses et immortelles

______

(1) *Aveux d'un philosophe chrétien*, p. 72-73.
(2) *Soirées*, IVe entretien.

destinées. Sa jeunesse est renouvelée et sa force doublée pour le lendemain.

L'effet des cérémonies religieuses n'est pas moins sensible sur ceux qui sont atteints par le malheur et la souffrance ; une expérience de dix-neuf siècles nous apprend que l'appareil du culte catholique endort la douleur d'une mère qui vient de perdre son benjamin, les tristesses de la pauvreté qu'on délaisse, le désespoir d'orphelins qui ont vu disparaître l'un après l'autre les soutiens de leur vie. Citons seulement deux exemples mais qui sont d'une haute portée et se rapportent parfaitement au sujet : Dans ses mauvais jours, alors que, selon les desseins de Dieu, Augustin était à la veille de retrouver sa voie, une occasion lui fut miséricordieusement ménagée d'assister à un office religieux et d'y entendre les hymnes et les cantiques de l'Eglise. « A ce moment, nous dit-il, un rayon de lumière, arrivant jusqu'à moi, m'apporta la grâce du remords et avec le remords l'espoir d'une conversion prochaine : je pleurais et le bonheur était dans mes larmes, les accents de la sainte liturgie s'insinuaient dans mon oreille, la vérité pénétrait doucement dans mon cœur et le sentiment de la piété s'allumait en moi. L'heure présente me fit presque oublier le passé (1). » L'autre exemple est de saint Vincent de Paul : il était prisonnier chez les Turcs, en butte à toutes les privations et à tous les genres de souffrance; le souvenir de la patrie, la vue des superstitions qui se pratiquaient autour de lui, l'impuissance où il était de travailler à la gloire de Dieu, tout cela répandait dans son âme une *amertume très amère* (2). Or, nous lisons dans l'histoire de sa vie que, durant cet exil, sa seule

(1) *Soliloquia* D. Aug.
(2) *Amiritudo mea amarissima.* Isaie xxxviii.

consolation était de psalmodier les Cantiques de David et de s'associer à l'Eglise par le chant du *Salve Regina*. Cette douce harmonie le ramenait un instant en pays catholique et rendait à son âme la joie des anciens jours.

Mais il y a sous le soleil, non seulement des créatures qui réclament un peu de repos après un dur travail, non seulement des âmes qui souffrent et ont soif de consolation ; il y a encore et surtout des chrétiens qui, oubliant leur dignité, ont besoin qu'on leur répète cet avertissement d'un ancien sage : « Dieu a donné à l'homme une noble attitude et lui a ordonné de regarder en haut » (1). Et à cette bonne parole du poète latin, le premier de nos poètes modernes fait écho : « Il y a un malheur dans notre temps, dit Victor Hugo, c'est une certaine tendance à tout mettre dans cette vie. En donnant à l'homme pour fin et pour but la vie matérielle, on aggrava toutes les misères par la négation qui est au bout. Quant à moi, je suis de ceux qui veulent, je ne dirai pas seulement avec sincérité, mais avec une inexprimable ardeur, donner l'espérance à mes semblables en tournant toutes les têtes vers le ciel (2). »

Il ajoute que, pour cela, il emploiera tous les moyens possibles ; eh bien, nous croyons, nous, que le vrai moyen, c'est d'étaler aux regards qui s'inclinent vers la terre les cérémonies du culte catholique. Qu'on se représente ici le règne de la nature et les existences dont il se compose ; chacune de ces existences considérée en elle-

(1) *Os homini sublime dedit cœlumque tueri. Jussit...*

(2) *Discours de Victor Hugo à l'assemblée législative.* Séance du 15 janvier 1850.

2

même est simplement un être physique, mais saint Paul
nous enseigne que c'est en même temps et surtout un
reflet du monde invisible : « Nous voyons les choses in-
visibles, écrit-il aux Romains, par les objets visibles que
le créateur a semés autour de nous. » Or, de même dans
l'Eglise, il y a la cérémonie ; par elle-même ce n'est
qu'une pratique digne de respect, mais il y a aussi ce
qu'elle signifie, ce qu'elle nous laisse entrevoir, l'image
du monde surnaturel dont la splendeur nous fait
lever la tête et attire en haut nos esprits et nos
cœurs (1).

Dans l'ordre social, l'influence du culte catholique
n'est ni moins sensible, ni moins avantageuse que dans
l'ordre moral. Ils le savaient bien, nos septembriseurs
de 93, et voilà pourquoi, dans la pensée d'acclimater en
France leurs doctrines subversives, ils changèrent les
églises en greniers à foin, brisèrent les statues, déchi-
rèrent les images et, autant qu'ils le purent, traitèrent
les vases sacrés comme le roi Balthazar. Mais, depuis
qu'ils sont tombés en poussière, j'allais dire en pourriture, les cérémonies ont reparu ; or, disons-nous, c'est
pour le plus grand bien de la société. Ces cérémonies
demandent une église, l'église elle-même demande un
prêtre et ce prêtre a sur les lèvres une parole moralisa-
trice et sociale.

Qu'on me montre dans la maison de Dieu quelques
centaines de fidèles, je vois là un type de la vraie et
bonne société, le pauvre y coudoie le riche, l'ignorant y
est traité comme le savant, l'humble domestique a son
siège à côté de son maître. C'est l'égalité devant Dieu ;
et cette égalité, à la différence de celle qu'on crie sur
les toits et qu'on ne voit sous aucun, est un élément de

____

(1) Rom. I, 11.

bien-être et un gage de paix sociale. Ajoutons à cela
que les personnes que le charme de nos cérémonies
attire à l'église et qui en acceptent la douce influence,
ont en général des habitudes chrétiennes, et il est très
vrai, quoiqu'on en dise, qu'une société de chrétiens est
supérieure à une société d'honnêtes gens. — D'un autre
côté, disons-nous, le prêtre qui préside aux exercices du
culte en double l'effet par la prédication ; n'est-il pas.
écrit quelque part, que la parole qui descend de la chaire
est une page du rituel ? Or, dans cette page, tous les
devoirs sont recommandés et tous les motifs d'y être
fidèle exposés, en sorte qu'en aucun lieu autant qu'à
l'église, l'homme ne peut devenir vertueux, moral,
social.

Un fait seulement à l'appui de cette doctrine : lors des
invasions barbares dans l'empire romain, on vit se répandre partout des êtres féroces et partout s'accumuler
des ruines. Rien, ce semble, ne pouvait arrêter ces
hordes dévastatrices. Eh bien, que fit l'Eglise ? Elle
multiplia ses solennités ; elle fit entendre la voix de ses
apôtres, et petit à petit la barbarie fit place à une société
nouvelle, qu'elle embrassa comme une mère embrasse sa
fille nouvellement née.

L'heureuse influence du culte catholique ne s'étend-
elle qu'à l'ordre moral et social ? « Chose étonnante, dit
un publiciste, la religion qui semble n'avoir pour objet
et pour but que le ciel et ce qui nous y conduit, contribue encore puissamment à embellir ici-bas l'existence
humaine (1). » C'est, en effet, une gloire et une source
de bien-être pour les peuples que la culture des beaux-
arts ; nous admirons les merveilles de l'architecture,

____

(1) Montesquieu. — Citation de mémoire. Exacte pour le
fond.

quand elles nous sont présentées par Michel-Ange ; nous envions à l'Italie des chefs-d'œuvre de peinture, lorsque ce sont les œuvres de Cimabué, de Giotto et surtout de Raphaël ; et quant à la musique, si nous entendons celle de Palestrina ou de Mozart, nous n'avons que ce vers de Dante pour exprimer notre impression de bonheur : « Une harmonie si belle et si douce ne peut venir que des cieux dont elle réjouit les heureux habitants. » Or, qu'on le sache bien, tous ces génies qui ont honoré leur siècle, se sont formés à l'école de la religion, et les grandes et belles choses qu'ils nous laissent furent des inspirations du culte catholique. Si les artistes de nos jours n'arrivent pas ou n'arrivent que rarement à les reproduire, c'est que leur foi est à l'état de *mèche fumante*. Laurent de Médicis disait avec vérité : « Celui-là est mort dès cette vie, qui ne croit pas ; il faut croire pour vivre et surtout pour produire. »

Et remarquons, en passant, le caractère particulier des productions artistiques dont le culte catholique enrichit nos églises et nos musées ; elles se distinguent par une grandeur et une beauté surhumaines. Avant l'ère chrétienne, le spectacle des œuvres d'art, même des plus remarquables, ne frappait que les yeux et n'impressionnait que les sens ; depuis que nous adorons Dieu en esprit et en vérité, la statue, l'image et le temple remuent l'âme jusque dans ses profondeurs.

A ces considérations sur les avantages du culte chrétien, nos libres penseurs, qui ne voient qu'avec défiance tout ce qui touche à la religion, n'ont pas manqué d'opposer une parole malveillante. Ecoutons-les : la preuve que le culte religieux ne tourne pas autant qu'on veut le dire à l'avantage d'une nation, c'est que les richesses accumulées dans les temples sont perdues pour elle ; c'est que si les frais du culte étaient supprimés, les pauvres s'en trouveraient merveilleusement bien. On voudrait donc piller nos églises et réduire le culte catholique au niveau du culte protestant ; eh bien, d'abord, malheur à une nation où l'on trouve qu'il en coûte trop pour maintenir et favoriser le règne de Dieu ! Puis, quand même on épargnerait une centaine de millions et qu'on les ferait refluer sur le peuple, sa situation n'en serait pas sensiblement meilleure ; lorsqu'en 93 on pilla les églises, le nombre des pauvres ne fut pas diminué, ni leurs souffrances amoindries ; ce fut plutôt le contraire.

Mais, la vraie réponse, la voici : les sommes consacrées au culte sont bien employées : la religion a besoin d'extérieur ou, pour mieux dire, nous avons besoin de l'extérieur de la religion : il faut qu'on nous prenne par les sens, c'est-à-dire qu'on nous donne, par une certaine magnificence, une haute idée de la majesté de Dieu : si Dieu ne reçevait pas de nous des hommages aussi pompeux que ceux qu'on rend aux puissances de ce monde, nous sentirons s'éteindre jour par jour notre attachement à la religion et par là même notre zèle à prendre part à ses cérémonies. Qu'on cesse donc de répéter ce vers digne de Lucrèce :

Dicite, pontifices, in templo quid facit auxum ?

L'argent vraiment mal employé, c'est celui qui sert à assaisonner nos plaisirs, à organiser des fêtes qui dégénèrent presque toujours en abus, à élever des arcs de triomphe aux dieux de ce monde, qui ressemblent beaucoup aux divinités du paganisme ; mais surtout les sommes qu'on vote par cent mille francs pour la construction des théâtres et les appointements des comédiens (1).

(1) De Maistre nous dit que l'importance attachée au théâtre est la mesure de la dégradation morale d'une nation, et, d'autre part, Louis Veuillot nous apprend dans ses *Libres penseurs*, qu'une seule comédienne reçoit chaque année jusqu'à cinquante mille francs. Qu'on rapproche ces deux mots de deux illustres publicistes et qu'on juge !

III

BEAUTÉS DU CULTE CATHOLIQUE

Dès le premier siècle de notre ère, le culte chrétien apparut comme le soleil d'un monde nouveau ; sa splendeur et ses charmes rendaient plus supportable la vie des fidèles persécutés et, en leur rappelant l'image de la céleste Sion, les détachaient des jouissances malsaines que se donnaient les payens. Ce fut encore un tout autre spectacle. Lorsque Constantin converti permit à la religion de déployer ses pompes, cachées jusque-là aux regards profanes, des temples s'élevèrent de toute part ; de toute part aussi on entendit le chant des psaumes et des hymnes ; un épanouissement de joie sans pareil entoura le berceau de l'Eglise. Mais ces jours de ferveur sont loin et le monde d'aujourd'hui ne comprend plus les naïfs transports qui accueillirent la substitution de nos cérémonies aux laideurs et aux turpitudes de l'Olympe.

Laissons donc ce qui est affaire de sentiment et parlons des beautés du culte catholique dans le froid langage de la vérité et de la raison. Ce qu'il y a de beau dans le culte catholique, c'est d'abord l'église ; et qu'on ne nous dise pas que l'église ne fait pas partie du culte ;

les meilleurs théologiens nous apprennent qu'elle en est
partie intégrante (1). Or, une église est belle ; elle est
belle considérée comme monument, plus belle encore,
si on la considère comme emblème. Et d'abord, quelle
différence entre le monument où le chrétien vient adorer
et le temple protestant ! Celui-ci est une salle de con-
férence ou une maison bourgeoise, l'église est un sanctuaire et la maison de Dieu (2). Et maintenant comme
emblème, n'est-elle pas l'image de la Jérusalem céleste
qui a des portes d'or, des murailles de jaspe et des pa-
rois de saphir ? Il est vrai que dans une église, je suis
comme un enfant aveugle dans la maison de son père ;
tandis que dans la Jérusalem céleste, le Père est à visage découvert, mais quant à la présence de l'hôte, elle
est aussi réelle en bas qu'en haut.

Ce qu'il y a de beau dans le culte catholique, c'est encore l'ornementation. Depuis que le sacrifice du calvaire
a tiré toute la nature de l'état de servitude où elle gé-
missait (3), elle semble s'animer pour embellir son
temple ; les plus jolies fleurs viennent se ranger autour
de l'autel ; des profondeurs du globe sortent de brillants
métaux qui deviennent ciboires et calices ; l'Océan offre
des perles pour orner le tabernacle ; le marbre et la
pierre, transformés en statues, prennent place dans les
chapelles ; puis, voici l'abeille et le ver à soie qui veulent aussi payer tribut, l'abeille fournira le luminaire et
le ver à soie les habits sacerdotaux. Toutes ces choses

(1) BERGIER. — *Dictionnaire théologique. Art. Eglise,
Clément d'Alexandrie*, etc.

(2) Il suffit d'entrer dans nos temples, dit le protestant
Wohlfahrt, pour y perdre toute idée de Dieu (citation du
P. Antoine : *Le protestantisme confondu*, p. 114).

(3) *Epitre, de saint Paul aux Romains*, VIII, v. 20, 21,
22.

éparses dans le monde physique, et dont chacune a son genre d'agrément, ne doivent-elles pas charmer notre œil, quand elles viennent se réunir et pour ainsi dire se grouper dans l'église où nous prions ?

Ce qu'il y a de beau enfin dans le culte catholique, ce sont les paroles dont l'Eglise se sert pour célébrer les louanges de Dieu, c'est le plain-chant, c'est la musique. Oui, le langage liturgique est plein de dignité et de grandeur, surtout depuis qu'on y a ajouté le charme de la poésie ; un anglican va jusqu'à dire que si les controversistes catholiques étaient assez avisés pour présenter aux dissidents, comme expression des sentiments de leur Eglise, les belles et excellentes formules de l'antiphonaire et du graduel, elles produiraient dans les esprits un préjugé en leur faveur. Oui encore, le plainchant contribue puissamment à attirer dans nos sanctuaires ceux qui ont un cœur pour sentir et une oreille pour entendre. Il me semble sans doute un peu exagéré, le publiciste moderne qui compare les chants dont les églises chrétiennes retentissent aux plus beaux morceaux du Conservatoire (1), mais ces chants retouchés par saint Grégoire et connus maintenant sous le nom de chants grégoriens sont, en général, d'une harmonie ravissante ; peu de temps après saint Grégoire, ils furent accueillis dans la plupart des provinces de l'Europe et quand Charlemagne, leur zélé propagateur, mourut, (814) ils retentissaient dans toutes les églises de son empire. Aux formules et aux chants embellis par ce grand pape, pourrions-nous ne pas ajouter la musique, qui en rehausse merveilleusement l'éclat ? Ne disons rien, si l'on veut, des cloches, qui résonnent si agréablement à

____

(1) Guéroult. — Ecrivain très compétent, mais peu suspect en pareille matière.

l'oreille du juste, mais l'instrument qu'on a appelé la *voix du culte catholique*, l'orgue, il faut bien en faire mention quand on parle de la beauté des cérémonies. C'est, dit-on, le seul instrument qui n'ait jamais profané ses accents et soit resté constamment fidèle à sa mission ; c'est le roi de tous, parce qu'il les imite tous et forme lui-même un orchestre complet ; c'est l'interprète de tous les sentiments de l'âme, parce qu'il a tour à tour, la voix de la douleur, la voix de l'allégresse, la voix de la crainte, la voix de l'espérance. Puis, ne sait-on pas au moins quelques-uns des effets produits par le son de ce merveilleux instrument : en Belgique, une personne simple, mais profondément pieuse, passe des journées entières dans un coin de l'église, sans ombre de fatigue ou d'ennui, presque étrangère aux choses de ce monde : Un jour quelqu'un lui demanda son secret : « Mon secret, répondit-elle, c'est bien simple ; quand le silence règne autour de moi, je suis avec Notre-Seigneur sur la terre ; quand les orgues font retentir leurs accents mélodieux et que les cloches jettent dans les airs leurs vibrants carillons, je me sens enlevée avec lui dans le ciel. » Un effet plus extraordinaire encore s'est produit, il y a fort longtemps, à Aix-la-Chapelle ; une personne étrangère, s'y trouvant de passage un jour de fête, tomba évanouie dans les transports que lui causa la musique de l'orgue. C'est donc à bon droit que nous donnons à cette musique une place honorable parmi les beautés du culte chrétien.

Il nous plaît, ici encore, d'appuyer par des témoignages et des faits nos appréciations personnelles : c'est d'abord Mme de Staël qui nous fait part de ses émotions : « Jamais je n'entre dans les églises catholiques, dit-elle, sans éprouver dans l'âme un sentiment qui la dilate et lui rend, comme par une ablution sainte, sa force et sa pureté (1). » C'est ensuite un monarque, le roi de Prusse, qui, se trouvant en France en 1814, voulut assister aux offices de Notre-Dame à Paris et les trouva si beaux, qu'arrivé à Berlin, il ordonna aux ministres d'inventer une liturgie pour les fêtes protestantes. C'est enfin Diderot, un des plus francs sectaires du xviiie siècle, qui s'irrite contre les détracteurs du culte : « D'absurdes rigoristes, écrit-il, ne connaissent pas l'effet des cérémonies extérieures sur le peuple ; ils n'ont jamais vu notre adoration de la croix, le vendredi saint, l'enthousiasme de la multitude à la procession de la fête-Dieu, enthousiasme qui me gagne moi-même quelquefois. »

Quant aux faits à citer, ils sont nombreux ; contentons-nous de recueillir les plus marquants. A la vue des pompes déployées à son baptême, Clovis demande à saint Rémi si ce qu'il a sous les yeux est le paradis. « Non, prince, lui dit le Pontife, ce n'en est que l'ombre. » — Qui ne connaît le moyen employé par Charlemagne pour soumettre les indomptables Saxons ? Désespérant d'en venir à bout par les armes, il fait venir de Rome des chantres habiles, appelle des missionnaires et confie aux uns et aux autres la mission de civiliser cette population barbare ; ils la civilisent en effet, et ceux qui avaient bravé le fer et le feu s'adoucissent sous la douce influence des cérémonies et des sacrés cantiques. — Nous ne résistons pas au plaisir de citer encore l'exemple des missionnaires qui furent envoyés aux anthropophages du Nouveau-Monde : un peu embarrassés d'abord pour aborder ces hommes changés en bêtes, ils prirent le parti de parler à leurs yeux et à leurs oreilles : on les vit se livrer au courant des fleuves sur de frêles nacelles, jouant des airs sacrés sur la flûte ou la guitare et chan-

____

(1) *De l'Allemagne,* t. I, p. 64.

tant solennellement les prières de l'Eglise ; le succès dépassa toutes les espérances ; ces pauvres sauvages s'apprivoisèrent, et, une fois apprivoisés, on en fit en peu de temps des chrétiens dignes des premiers âges.

D'aucuns aujourd'hui veulent bien reconnaître que la liturgie catholique a ses beautés toujours, et quelquefois ses splendeurs ; mais ses beautés ne seraient-elles pas une pompe mondaine et ses splendeurs ne servent-elles pas à fomenter le luxe ? Eh bien, qu'on se rassure ; l'Eglise est complètement étrangère à la pompe mondaine ; les pompes mondaines ont pour but de glorifier la créature et de satisfaire son orgueil ; or, la magnificence que nous déployons dans nos cérémonies tend à glorifier Dieu, et, bien loin de flatter notre orgueil, elle nous fait comprendre que c'est à lui seul que doivent être rendus toute gloire et tout honneur et que c'est à l'honorer que nous devons consacrer les richesses dont nous serions tentés de nous faire un piédestal : *non nobis, sed nomine tuo !...* Quant à prétendre que les splendeurs du temple tendent à fomenter le luxe, c'est une déraison. Le chrétien sait parfaitement qu'il ne doit pas faire pour lui-même ce qu'il fait pour Dieu ; il paraîtrait sot à ses propres yeux, s'il prenait la majesté de nos églises pour modèle de sa demeure. Aussi bien, les plus zélés pour la majesté du culte divin sont en général les moins prodigues pour leur dépense personnelle.

SECONDE PARTIE

Des différentes manifestations du culte catholique : le sacrifice, les sacrements, les fêtes, l'honneur rendu aux reliques et aux images, l'office des morts.

I

LE SACRIFICE

On entend par sacrifice l'offrande faite à Dieu d'une chose extérieure qu'on détruit ou qu'on change pour reconnaître son souverain domaine sur toute créature. Disons rapidement du sacrifice en général qu'il est nécessaire dans la religion, car dès lors qu'on admet un Dieu créateur de toute chose et auteur de tout bien, il faut admettre aussi l'obligation pour la créature de lui offrir l'hommage de tout ce qu'elle est et de tout ce qu'elle a reçu. Et aussi bien, si nous cherchons dans le passé l'origine des sacrifices, nous en trouvons chez les payens et chez les Juifs : chez les payens, ils furent abominables et le sacrifice chrétien y a mis fin partout où il a pu pénétrer ; chez les Juifs, ils ont été insuffisants et n'ont même pu avoir un peu de valeur devant Dieu, que parce qu'ils étaient une image, un emblème, une véritable figure de celui du calvaire ou de l'autel.

D'abord, le sacrifice du calvaire ou de l'autel a banni des contrées payennes où il a pu s'établir les hécatombes humaines, qu'on pratiquait dans les temples, comme dans le Colisée. Il est vrai que les anciens sages protestaient contre ces horreurs : « L'homme, disait Sénèque, est une tête sacrée, qu'il ne faut pas immoler comme un animal : *honoris sacra homini jam per lusum occiditur !* (1) mais malgré tout, on ne ferma ni le Colisée ni le temple. Jésus-Christ, lui, n'a dit qu'une parole : « J'offre un sacrifice pour tous, et tous viendront, après l'oblation, manger ma chair et boire mon sang, parce que tous vous y avez les mêmes droits : et par cette simple leçon d'égalité, il a démoli et le temple et l'amphithéâtre.

A son tour, le sacrifice offert, sous un nom ou sous un autre, par le peuple juif, a fait place au sacrifice eucharistique qui devait honorer Dieu d'une manière digne de lui : c'était la réalité parfaite après la figure, que saint Paul appelle *pratique presque stérile et sans valeur* (2). Quelle n'est pas, en effet, la supériorité du sacrifice de l'autel sur celui du Judaïsme ? supériorité de la victime : d'un côté, un agneau, un bélier, une colombe, une créature quelconque ; de l'autre, un Homme-Dieu, dont l'immolation surpasse infiniment les mérites de Marie, les travaux des apôtres, les souffrances des martyrs, la pureté des vierges, les pénitences et les

____

(1) Lib. I, Epist. 7. — Lib. IV, Epist. 95.
(2) *Infirma et egena elementa*, Galat. IV, 9.

mortifications des anachorètes ; supériorité de . vertu et
d'efficacité ; pour chaque fin qu'un Juif voulait obtenir,
il fallait un sacrifice spécial : par le seul sacrifice de
l'autel, nous adorons, nous rendons grâce, nous expions,
nous demandons : supériorité quant à l'étendue des
effets produits : les effets du sacrifice judaïque se con-
centraient dans les limites d'une petite contrée et sur
les têtes d'une petite nation : ceux du sacrifice eucharistique s'étendent à la famille, à la paroisse, à la patrie,
à l'Eglise, aux régions les plus lointaines, jusqu'aux
mondes supérieurs où les âmes justes achèvent d'expier;
supériorité dans les cérémonies : à certains jours, sans
doute, le temple de Jérusalem et la montagne de Sion
offraient un aspect imposant ; le son des instruments,
une foule immense, la tenue des prêtres et des lévites,
le nombre des victimes, tout était de nature à frapper
les sens, mais n'était propre qu'à cela. Quand on compare ce déploiement de pompe extérieure à une messe
célébrée dans un paisible sanctuaire par un pasteur
pieux et recueilli, environné d'une assistance silencieuse et toute pénétrée de la sainteté du mystère, on
se croit transporté d'une scène bruyante, où chacun
s'agite, dans un monde surnaturel où chacun prie.

Quand on réfléchit sérieusement à la dignité, à la
grandeur et aux heureux fruits du sacrifice catholique,
on ne s'étonne plus ni de ce que l'histoire nous raconte
à ce sujet, ni des paroles et des exemples des saints.
Nous lisons dans les *Annales des missions* que nos apôtres
sont quelquefois profondément émus en voyant à leur
messe des chrétiens qui ont voyagé toute la nuit et par
des chemins impraticables pour avoir le bonheur d'y
assister ; puis, sans aller si loin, on n'a qu'à se rappeler
avec quelle foi et quel courage nos frères du siècle
dernier s'exposaient à la mort pour n'être pas privés du

divin sacrifice ; c'était dans une chaumière, dans un grenier ou un souterrain que le prêtre était obligé de se retirer avec les fidèles, et les jours où la messe était célébrée sans accident les dédommageait de toutes les privations. Ce jour était une fête où l'on ne pleurait plus.

En ce qui concerne les saints, il faut les entendre et les voir : « La messe, dit saint Odon de Cluny, est l'œuvre à laquelle est attaché le salut du monde » ; — « C'est à la messe, ajoute Timothée de Jérusalem, que la terre doit sa conservation ; sans ce sacrifice, il y a longtemps que les iniquités humaines l'auraient refoulée dans le néant. » La moindre des cérémonies pratiquées à l'autel avait tant de prix aux yeux de sainte Thérèse, qu'elle se déclarait prête à donner sa tête pour elle. Mais voici le père Eudes, à la canonisation duquel on a travaillé efficacement, qui nous dit avec une étonnante hardiesse de langage : « Pour exercer aussi dignement que possible le ministère de sacrificateur, il faudrait trois siècles au prêtre catholique : un siècle pour se préparer, un siècle pour célébrer, un siècle pour son action de grâces. »

Voyons maintenant à l'autel les saints revêtus de la dignité du sacerdoce, Vincent de Paul, François de Sales, Charles Borromée, Philippe de Néri, tous ceux qui font partie de la noble et céleste phalange : Quelle différence y a-t-il entre l'attitude de chacun d'eux et celle du Séraphin en contemplation devant la face de Dieu ?

II

LES SACREMENTS

Les sacrements sont les signes et les agents de la grâce, c'est-à-dire qu'ils ont la double vertu de la représenter et de la produire. Ce qui doit nous faire aimer et admirer les sacrements, qui occupent, disent les maîtres de la science, un rang supérieur dans l'ensemble du culte catholique (1), c'est qu'ils sont par excellence l'œuvre de la bonté et de la sagesse de Notre-Seigneur Jésus-Christ. Sa bonté apparaît dans l'institution même ; sa sagesse se manifeste dans le nombre et l'ordre choisis.

Dans l'institution des sacrements, il est facile de voir que Notre-Seigneur a daigné tenir compte de notre pauvre nature, de nos tendances et des deux grands inconvénients auxquels nous sommes exposés. — Notre nature n'est pas celle de l'Ange ; nous sommes revêtus d'un corps et c'est par lui, ou, si l'on veut, par les sens qu'il faut passer pour arriver jusqu'à notre âme. Y a-t-il, en effet, communication immédiate d'esprit humain à esprit humain ? Non. Un intermédiaire sensible, un

(1) BERGIER. — *Dict. théol.*, art. *Sacrements*.

agent matériel est ici nécessaire. Si vous voulez connaître la pensée de votre voisin, il faut la parole ; « parlez, dit-on quelquefois, afin que je vous voie ». S'il vous plaît de pénétrer jusqu'à la haute intelligence de Platon ou de Bossuet, il vous faut l'écriture. Jésus-Christ, en renfermant les trésors de la grâce dans des signes extérieurs, s'est donc conformé, avec une touchante et admirable condescendance, à notre humaine nature.

Est-il vrai, maintenant, que, par une tendance native, nous ne croyons pas facilement les choses qui ne sont que promises ? Si telle n'était pas notre disposition, comment s'expliquer que toute l'histoire de la religion nous présente une suite non interrompue de signes par lesquels Dieu nous rappelle des promesses et en confirme la certitude ? Il était donc conforme à cette exigence de notre esprit que Jésus-Christ, en nous promettant le pardon de nos fautes, la grâce céleste et la communication de l'esprit-saint, établit des signes sensibles qui fussent comme des gages par lesquels il se liait envers nous, et des garants infaillibles de sa fidélité (1).

On peut dire enfin qu'en instituant les sacrements, Notre-Seigneur s'est préoccupé des deux grands inconvénients qui planent sur toute vie humaine : ces deux inconvénients, hélas ! nous les connaissons bien : trop souvent nous nous exagérons notre valeur et notre dignité, et l'orgueil nous perd ; d'autres fois nous nous laissons envahir par le sentiment de notre bassesse, et le découragement nous brise ; il nous importait donc d'être maintenus dans le juste milieu. Or, le divin auteur des sacrements nous y ramène sans cesse ; il y ramène no-

(1) Idée empruntée à l'auteur des *Etudes philosophiques*, t. III, p. 384.

tre orgueil en nous obligeant à recourir à des créatures d'un ordre inférieur, à l'eau, au pain, à l'huile, à un peu de baume, pour l'œuvre de notre sanctification ; il y ramène notre dépit et notre découragement en transformant chacun de nous en enfant de Dieu, en temple du Saint-Esprit, en commensal de l'hôte du tabernacle, disons le mot, en nous divinisant. O bonté suprème, ineffable, incompréhensible !

Mais, si la bonté se manifeste dans l'institution même des sacrements, la sagesse n'apparaît pas avec moins d'éclat dans le nombre et l'ordre que l'Eglise propose à notre foi. Ils sont au nombre de sept et se trouvent disposés sur le chemin de la vie, de manière à présider à toutes ses évolutions : l'homme naît à la vie physique en entrant dans le monde, à la vie intelligente et libre en entrant dans l'adolescence, à la vie sociale en entrant dans l'âge mûr, à la vie éternelle en mourant. Or, aucune de ces périodes n'échappe à leur douce et salutaire influence. — C'est d'abord un petit être couché dans un berceau ; il est souillé, désagréable aux yeux de Dieu, étranger à la famille chrétienne ; sa pieuse mère demande qu'on le porte au plus tôt sur les fonts du baptême où il sera purifié, revêtu de la robe d'innocence, incorporé à Jésus-Christ, et lorsqu'une heure après, elle le retrouve, elle en fait l'objet de ses complaisances. Quelle différence entre le premier pas d'un enfant dans la vie, selon qu'il est accueilli par des parents qui croient au baptême ou par un père et une mère indiens ou chinois. Ceux-ci ne l'acceptent que sous condition ; s'il s'ajoute à la famille comme une charge, s'il est mal conformé, s'il rend l'intérieur par trop désagréable, on le jette dehors, à qui le recueillera, ou bien celui qui lui a donné l'existence s'attribue le droit de la lui ravir. L'enfant baptisé paraît digne de tous les respects et de tous les sacrifices ; c'est un dépôt dont les parents doivent rendre compte à Dieu et à la société, et dans le cas où l'honorable mission de l'élever dépasserait les ressources ou les capacités des auteurs de ses jours, on verrait des mains virginales s'emparer de lui, le soigner comme la prunelle de l'œil, le transformer en ange de lumière, puis le ramener au foyer orné de vertus et affermi dans le bien.

Disons en deux mots :

L'enfant faisant son entrée dans un monde payen, c'est l'enfant étouffé sous le mépris et dont le sort fait frémir Lactance ; l'enfant devenu chrétien par le baptême, c'est Origène sur la poitrine duquel Léonidas vient chaque matin déposer un respectueux baiser.

Passons avec les années du premier âge à l'adolescence : quelle époque redoutable dans la vie humaine ! Toute une armée s'organise contre le jeune homme ; au dedans de lui d'ardentes passions, autour de lui un monde qui miroite et fascine, au-dessus de lui les esprits malins que saint Paul appelle les *puissances de l'air*; de quelque côté qu'il se tourne, il faut qu'il ait d'une main le glaive, de l'autre le bouclier, et sur la poitrine une triple cuirasse (1). Assurément, si cette situation est intéressante, elle est encore plus menaçante, et voilà pourquoi le divin auteur des sacrements en met trois à la disposition de l'adolescent, le sacrement de confirmation pour repousser les ennemis du dehors en bon soldat, le sacrement qui fait germer les vierges pour triompher des ennemis du dedans et le sacrement de pénitence pour relever le courage abattu, cicatriser les plaies reçues dans le combat, prévenir une défaite sans retour et une servitude sans fin. Quand un jeune chrétien arrive, sans

____

(1) *Triplex æs circa pectus.*

être épuisé de fatigue ou même avec une attitude noble et fière, de la seizième à la vingt-cinquième année, ceux qui ont vécu s'inclinent devant lui.

Nous voici à l'âge mûr, à l'âge où la vie, jusqu'ici ballottée, s'assied et examine quelle direction elle doit prendre : il se trouve en effet devant elle deux chemins : l'un qui aboutit au monde, dont on partagera les destinées, au mariage qui associera deux créatures à la grande œuvre de la création physique et même de la création morale. Cet état, les législateurs l'avaient élevé au rang d'institution sociale : Notre-Seigneur l'a élevé à la dignité de sacrement, afin de lui imprimer un cachet de dignité et de sanctification qui en purge tous les désordres, et il est à remarquer que ceux qui ont méconnu ce caractère n'ont pas tardé de pousser plus loin ; témoins les trois chefs de la réforme qui, de concert, ont permis au landgrave de Hesse d'avoir deux femmes à la fois ; témoins leurs disciples qui ont déclaré le mariage dissoluble ; qui sait où l'on serait allé dans ce sentier de boue sans le droit public établi dans toute l'Europe ? Conclusion : donc ici la grâce d'un sacrement vient aussi à propos que pour l'enfance et l'âge critique.

L'autre chemin qui s'ouvre devant l'âge mûr conduit au sacerdoce et conséquemment au célibat. Or, quand on réfléchit à la position exceptionnelle faite au prêtre, on comprend mieux encore la nécessité pour lui d'avoir un sacrement spécial qui lui inspire le respect de lui-même, lui assure auprès des fidèles la confiance et l'autorité et le mette en état de supporter les charges que l'Eglise lui impose. Ne faut-il pas que, pour se tenir debout au centre de tous les périls et de toutes les séductions, il se rappelle ce qu'il est et s'adresse à lui-même cette fière protestation d'un ancien : *major sum quam et fiam man-*

cipium ? (1) Un monarque qui s'est incliné sous la main d'un pontife consécrateur se relève investi d'une autorité devant laquelle ses sujets s'inclineront à leur tour ; est-ce que le sacrement de l'Ordre ne produirait pas pour celui qui le reçoit un effet analogue et plus sensible encore ? Enfin, s'imagine-t-on qu'on puisse exiger du ministre de la religion abnégation absolue *du moi* et dévouement complet aux misères physiques et morales de l'humanité, s'il ne puise pas quelque part une force surnaturelle ?

Mais que l'homme arrive aux limites de la vie par le mariage ou par le sacerdoce et le célibat, toujours et infailliblement une heure sonne où il se sent accablé par le souvenir du passé, par les craintes de l'avenir et par les douleurs présentes ; à ce moment les amis se retirent, s'ils sont libres penseurs, ils prennent la fuite ; mais voici l'Eglise qui se présente avec le sacrement des malades et c'est pour consoler celui qui pleure, pour inspirer la confiance à celui qui tremble, pour purifier celui qui a contracté des souillures, et quelquefois pour rendre la santé à celui qui peut encore l'employer pour le prochain ou pour Dieu.

« Les sept sacrements sont ainsi distribués de manière à saisir toutes les parties nobles de la vie et à introduire dans notre âme des grâces spéciales en rapport avec ses divers besoins (2). » Qui n'admire pas ce qui se passe dans l'Eglise, a perdu le sens du beau et du bien ; qui n'aime pas cette mère des chrétiens, n'a plus de fibres au cœur ?

(1) *Sénèque.*
(2) *Etudes philosophiques*, t. III, p. 395.

III

LES FÊTES

On a dit depuis longtemps que l'Eglise qui combat saisit la main du monde qui triomphe, et à son tour tend la main au monde qui souffre : c'est cette union si belle et si touchante que représentent toutes les fêtes catholiques. Quand l'Eglise se tourne vers le monde qui triomphe, c'est pour offrir ses hommages à Notre-Seigneur, à Marie, sa divine Mère, et aux saints, ses amis. Lorsqu'elle se tourne vers le monde qui souffre, c'est afin de l'aider par ses prières et de le réjouir par ses sacrifices d'expiation : une première manière d'exalter les fêtes, c'est donc de les présenter dans ce triple objet.

Les fêtes de Notre-Seigneur sont les plus anciennes ; presque toutes ont été instituées dans le temps et dans le lieu où se sont passés les faits qu'elles célèbrent, et ces faits sont certains, miraculeux et tous en notre faveur. Ils sont certains, car à l'époque où ils se sont accomplis, la vérité était aussi facile à constater que l'erreur à découvrir ; ils sont miraculeux et par conséquent chacune des fêtes qui les rappellent peut être invoquée comme preuve de la divinité du christianisme ; ils sont tous en notre faveur, et certes la gloire qu'ils nous laissent entrevoir, les lumières qu'ils nous apportent, les gages de salut qu'ils nous ménagent, les espérances qu'ils nous donnent, sont merveilleusement propres à exciter notre reconnaissance et notre amour. Assister à ces solennités avec la glace dans le cœur, ce serait monstrueux !

Fêtes de Marie, fêtes de famille où le cœur se repose : Marie est la coopératrice de la Rédemption et de la réparation du genre humain : un de ses pieux serviteurs, qui a été en même temps un profond théologien, a dit d'elle : « Sans le consentement que l'ange est allé lui demander et qu'elle a donné, la Rédemption n'eut pas eu lieu, parce que, d'une part, il entrait dans les desseins de Dieu que la rédemption s'opérât comme la chute, c'est-à-dire par un homme et une femme, et qu'ainsi le consentement de la Vierge devenait une nécessité (1). » Mais alors notre première dette vis-à-vis d'elle est évidemment une dette d'action de grâces.

(1) L. P. JEANJACQUET. S. J. — *Simples explications sur la coopération de la très-sainte Vierge à l'œuvre de la Rédemption*, p. 53. A ce point de la doctrine, on oppose une sorte d'impossibilité : est-il croyable, dit-on, qu'une œuvre comme la Rédemption ait été subordonnée à la volonté d'une créature, au point que si cette volonté ne s'y fût pas prêtée, l'œuvre n'aurait pas eu lieu ? Or, nous ne disons pas que ce consentement fût nécessaire, d'une nécessité absolue : Dieu pouvait nous racheter de bien des manières ; nous disons que Dieu ayant décrété que la rédemption s'opérerait comme la chute, il fallait que Marie y consentit Quant à supposer qu'elle refuserait, non : sans faire violence à la liberté de la créature et même en rendant cette liberté plus parfaite, Dieu peut l'amener infailliblement à vouloir ce qu'il veut.

Marie est notre mère ; elle est notre mère aussi véritablement et dans un sens aussi propre et aussi rigoureux que le sont nos mères dans l'ordre naturel. Deux mots nous le feront comprendre : une vie surnaturelle et divine a été ajoutée à notre vie humaine sans se confondre avec elle. Or, c'est de Marie que nous la tenons, car d'une part, cette vie surnaturelle nous est infusée par le sacrifice du calvaire ; et, d'autre part, le sacrifice du calvaire a été voulu, consenti et subi aussi bien par la Mère que par le Fils. Si donc son titre de coopératrice nous oblige à la reconnaissance, ce second titre de mère exige de nous un profond et inextinguible sentiment de tendresse.

Marie est notre reine ; d'abord, parce que la terre que nous habitons a sa place dans l'univers, qui est son immense empire, ensuite et surtout parce que de tout temps et maintes fois on a appelé la France *Royaume de Marie*. A elle encore par conséquent notre respect.

A elle enfin notre admiration pour ses incomparables privilèges et ses sublimes vertus !

La reconnaissance, l'amour, l'admiration, le respect, mais les fêtes de la Sainte Vierge ne sont pas autre chose que la manifestation de ces divers sentiments. Oui, célébrer les fêtes de Marie, c'est lui dire publiquement et solennellement que nous la remercions, que nous l'aimons, que nous la vénérons, que ses vertus nous ravissent ; c'est dire cela par la parole, le chant et la musique ; c'est jeter aux quatre vents du ciel ce que nous déposons chaque jour à ses pieds dans nos rapports intimes, secrets et personnels. Honorer Marie seul à seule avec elle, c'est une des douceurs de la vie chrétienne ; mais s'unir pour l'exalter à la foule de ses serviteurs et de ses servantes, c'est centupler notre bonheur en augmentant sa gloire.

Les fêtes des saints, scandale des protestants que l'ignorance et le préjugé aveuglent. Ils devraient savoir que si Dieu est le seul souverain digne de nos adorations, il ne laisse pas que de se tenir honoré par le culte d'honneur rendu aux saints que sa grâce a formés : un monarque a droit aux respects de ses sujets et ceux-ci ont raison de payer leur dette par une fête nationale ; mais quand, après cela, ils honorent les grands hommes du royaume, qui ont put s'illustrer sous son règne pacifique, au lieu de s'en plaindre, il en est heureux et fier. Au jour de sa fête, un père voit avec satisfaction ses enfants réunis autour de lui pour le féliciter, mais quand arrive la fête de chacun de ces enfants qui sont devenus bons sous l'influence de ses leçons et de ses exemples, il entend que cette fête soit un jour de réjouissance et *tue le veau gras*. Que nos frères égarés fassent l'application de ceci au Roi des Rois et au Père d'où découle toute la paternité, et ils en auront fini avec leurs accusations d'idolâtrie.

Mais les jours consacrés à honorer les saints sont non seulement des fêtes légitimes, ce sont encore des jours où d'excellents enseignements sont à recueillir. Dans notre siècle, où le pauvre jalouse le grand seigneur, où le grand seigneur traite le pauvre avec dureté et mépris, où il faut lutter et souffrir sans découragement, n'est-il pas souverainement avantageux d'avoir sous les yeux ou plutôt dans l'esprit ce que les fêtes des saints nous rappellent ? Elles rappellent aux puissants de ce monde que le ciel est surtout réservé aux petits et aux humbles ; elles rappellent à ceux qui vivent de racines amères que de ces racines sortent les fleurs qui couronnent les élus ; elles rappellent à ceux qui perdent haleine au milieu des travaux et des combats que les lutteurs et les travailleurs occupent, dans la cité de Dieu, les trônes les plus élevés et les sièges les plus moelleux, à tous ceux, enfin, qui ont besoin d'une leçon qui les relève ou les réprime, les fêtes dont nous parlons offrent un côté pratique adapté à leur situation et à leur tempérament.

Et remarquez enfin, chrétien mon frère, que ceux dont nous avons à célébrer la fête sont autant d'envoyés du ciel qui viennent nous montrer le bon chemin et nous inviter à le suivre. Le bon chemin est évidemment celui où ils ont marché. Ils y ont rencontré le respect humain, mais ils se sont dit que le respect humain, c'est le respect du mal qui n'a droit qu'au mépris. Ils y ont rencontré le plaisir, mais l'angélique vertu de pureté les a ravis et ils ont écrasé du talon son exécrable ennemi. Ils y ont rencontré les richesses et les embarras qu'elles traînent après elles ; ils ont usé des richesses et écarté les embarras en tenant leur esprit libre et leur cœur haut. Ils y ont rencontré l'ensorcellement de la vanité qui obscurcit le bien (1) et la violence que l'Ecriture nous représente comme un lion sur la voie (2) ; ils ont fermé la gueule du lion et répondu à la vanité par un sourire de dédain. Voilà ce qu'ont fait avec la grâce de Dieu les saints que nous honorons et ce qu'ils nous pressent de faire nous-mêmes ; si nous reculons quand ils avancent, nous sommes des lâches !

Après ce que nous venons de dire et tout ce qu'on a déjà dit de la troisième manifestation du culte catholique, on se prend à regretter qu'elle se trouve réduite aujourd'hui à quatre fêtes, qu'on appelle fêtes concordataires ; nous n'avons pas à examiner ici sans doute de quel esprit étaient animés les législateurs de l'an IX ; il n'entre pas non plus dans notre sujet de montrer jusqu'à

(1) Sagesse, iv, 12.
(2) Hebr. xi, 33.

quel point le cardinal Caprara était entraîné par les circonstances, lorsqu'il rédigeait son indult du 29 germinal ; ce qui nous paraît certain, c'est que si les hommes de 1802 avaient pu pénétrer dans un avenir de quatre-vingts ans, ils auraient trouvé faibles les raisons de la suppression et très fortes les raisons de maintenir le calendrier tel qu'il était alors.

Je sais bien qu'au commencement du xixe siècle, on sortait de toutes les horreurs, de toutes les dévastations, de toutes les discordes civiles qui avaient désolé le siècle précédent et qu'ainsi il était permis de supposer qu'en remplaçant les fêtes par des jours ouvrables, on remédierait en quelque manière à la misère publique ; mais en réalité qu'a-t-on gagné à cette mesure ? A-t-on réparé par un surcroît de travail les ravages de la cruelle Ata (1) ? Non ; au lieu d'aller à l'église, le laboureur et l'ouvrier ont hanté l'estaminet ; et non seulement le gain a été nul, mais on a eu à déplorer une perte sensible et un inconvénient très grave : les jours de fêtes ne leur coûtaient rien, tandis que les jours de libertinage leur coûtent argent et santé ; voilà la perte. En fréquentant moins les églises et davantage le champ ou l'atelier, l'un et l'autre sont devenus cupides, passionnés, avides de jouissances physiques, tant et si bien qu'ils ne peuvent plus vivre le lendemain avec ce qui leur suffisait la veille ; voilà l'inconvénient.

Terminons cet exposé et cette appréciation des fêtes chrétiennes par la réponse à une impertinence : On nous dit que, dans le sens chrétien, le mot fête signifie uniquement prière, visites à l'église, confession et recueillement ; la fête religieuse n'admet que des chants qui

____

(1) Déesse malfaisante qui trouble l'entendement et jette dans le malheur.

endorment, ou si la musique moderne veut s'y introduire, il faut qu'elle prenne un caractère tout autre que que celui qui nous plaît et nous transporte. Or, il est d'abord bien connu que nous, nous définissons une fête un jour de joie, non pas de joie folle ou ignoble, comme les fêtes du monde, mais de joie douce et pure, et même ces jours-là, l'Eglise, notre mère, supprime le jeûne, ne veut rien de ce qui troublerait une légitime réjouissance et trouve bon qu'on ajoute aux pratiques religieuses un festin, c'est-à-dire un repas plus somptueux qu'à l'ordinaire. En ce qui concerne le chant ecclésiastique, il a pour but de traduire les sentiments de l'âme chrétienne; c'est une prière et un moyen de sanctification; il faut donc qu'en l'entendant notre esprit se recueille et s'élève vers le ciel. Or, la musique moderne, avec ses gammes chromatiques, ses accords dissonants, ses effets d'orchestration, ses enroulements et ses entrechoquements, peuvent produire des émotions vives et charmer les oreilles, mais jamais elle n'excitera un mouvement ni un sentiment surnaturel.

IV

L'HONNEUR RENDU AUX RELIQUES ET AUX IMAGES

Quand les protestants et les libres penseurs nous critiquent et nous raillent à propos des honneurs que nous rendons aux reliques, nous pourrions critiquer nous-mêmes la doctrine des premiers et la conduite des autres : pourquoi et comment les Luthériens sont-ils amenés à traiter les reliques comme choses profanes et même méprisables ? Ils sont conduits à cette impiété par l'absurdité de leur symbole. Ne font-ils pas profession de croire que la nature humaine, gâtée par le péché originel et ceux qui s'y ajoutent, ne peut en aucune sorte être purifiée, et qu'en conséquence, les élus de Dieu ont porté au ciel tous leurs péchés et n'y sont accueillis que parce qu'ils sont revêtus de la justice et des mérites de Jésus-Christ qui cachent leurs désordres aux yeux du Père céleste, comme l'habit cache à notre entourage certaines parties de notre corps ? Dès lors, les saints ne sont plus à leurs yeux que des sépulcres blanchis et leurs reliques de la pourriture. Qu'ils rougissent de cette doctrine et respectent la nôtre !

Quant à la conduite des libres penseurs qui, à propos

du culte des reliques, nous appellent *oiseaux de nuit*, nous leur rappellerons ce qui a été publié par tous les journaux. De 1859 à cette époque, dans un palais de Milan, les dévots de Garibaldi ont suspendu comme une relique les draps de lit du héros. A Bologne, ils se sont disputé l'honneur de baiser son manteau ou bien de porter des morceaux de ce manteau en guise de scapulaire. Aujourd'hui encore n'a pas qui veut une mèche de ses cheveux. Tout cela et encore autre chose du même genre se lit dans la *Presse* (1).

Donc, sans nous occuper davantage de ces singularités, nous aimons à signaler en faveur du culte des reliques deux caractères qui le recommandent suffisamment, l'ancienneté et l'autorité des miracles. Au premier siècle, les reliques de saint Ignace furent religieusement et solennellement transportées de Rome à Antioche ; or, un certain nombre des chrétiens de son troupeau qui présidaient à cette cérémonie avaient été disciples des apôtres : c'est saint Chrysostome qui nous l'apprend (2), et il ajoute que l'illustre martyr avait été leur ami. On connaît, d'autre part, les nombreux miracles par lesquels Dieu lui-même a autorisé et justifié ceux qui ont vénéré les reliques : ce sont les miracles opérés par les objets qu'avaient touchés saint Pierre et saint Paul, les miracles opérés à Milan, en présence de saint Ambroise, par les reliques de saint Gervais et de saint Protais, les miracles opérés à Hippone, en présence de saint Augustin, par les reliques de saint Etienne, les miracles opérés à la Louvesc par les reliques de saint François Régis, le miracle mille fois répété de l'image de Rimini.

Mais, en vérité, à quoi bon chercher à prouver l'évi-

(1) N° du 5 mars 1867.   .
(2) *Humil. in sanct. Ignat. oper.*, t. II, n° 5.

dence. Le culte des reliques se réduit à les placer toujours en lieu convenable et décent; si on les met dans un écrin et que, dans un moment de ferveur, on y applique ses lèvres, on est parfait dévot : Est-ce bien le cas de disputer cela aux saints, quand chacun accorde l'équivalent à un parent et à un ami?

En ce qui concerne le culte d'honneur rendu aux images, laissons à un illustre et pieux écrivain le soin d'en faire ressortir la beauté : « Le culte des images, dit Balmès, est bien fait pour ménager, dans un but religieux, l'alliance de l'esprit et de la matière, bien conforme aux conditions de la vie présente : si l'image nous représente un saint, notre âme s'élève vers le ciel sur les ailes de l'imagination ; si c'est l'image de la Vierge tenant l'enfant Jésus, avec quelles douces et saintes émotions nous la contemplons, puis quel livre pourra nous dire autant de choses et quel spectacle pourra faire naître en nous autant de sentiments de confiance et d'amour que la vue du crucifié (1). »

Qu'il nous soit permis, à nous, de considérer les images que nous honorons au seul point de vue de leur utilité ; elles servent d'abord à soutenir l'attention du chrétien qui prie; si on peut se passer de ce secours extérieur, il n'y a aucune obligation d'en user, mais c'est un fait d'expérience que quand on a sous les yeux l'image de Jésus-Christ qu'on adore ou d'un saint qu'on implore, l'esprit est bien moins exposé à divaguer. Les images servent, en outre, à orner nos églises. Il y a cette différence entre le temple protestant et l'église catholique, que l'un n'est qu'un lieu de prière, tandis que l'église catholique est la maison de Dieu, honorée de

(1) *Mélanges*, t. III, p. 313. — Citation de mémoire. Exacte pour le fond.

sa présence substantielle, offrant à notre hôte divin un tabernacle et un trône. Un lieu de prière qui n'est que cela, n'a besoin d'aucun ornement ; il est plus que convenable, au contraire, de faire servir la peinture et la sculpture à l'ornementation du tabernacle et de l'autel.

V

L'OFFICE DES MORTS

Sous ce titre, nous comprenons le respect que l'Eglise catholique témoigne aux morts, lorsqu'ils sont encore parmi nous, soit au domicile mortuaire, soit à l'église ; puis sa maternelle sollicitude pour eux, lorsque le corps est retourné en poussière et l'esprit à Dieu.

Parlons d'abord de la manière dont l'Eglise traite ses enfants morts durant les quelques heures qui précèdent l'enterrement et mettons son esprit de foi et de charité en opposition avec les idées et les pratiques des sectaires.

Nous allons prendre le corps du défunt à la maison du deuil, le conduire à l'église et l'accompagner au cimetière. Au domicile mortuaire qu'avons-nous sous les yeux ? Est-ce comme autrefois un objet d'horreur ou une rencontre de sinistre augure ? Certes, la religion chrétienne nous apprend toute autre chose par son enseignement et sa pratique ; son enseignement, le voici : le corps du chrétien est un tabernacle où Dieu lui-même a séjourné, un temple où l'Esprit Saint a opéré des merveilles de sanctification, un membre de Jésus-Christ, le compagnon et le coopérateur d'une âme dans l'ordre du salut et qui la retrouvera plus tard pour partager son bonheur et sa gloire. Sa pratique, la voici : quand un chrétien a rendu le dernier soupir, elle lui ferme doucement les yeux pour que son visage ne présente que le calme du sommeil ; elle place à côté de lui un cierge allumé, symbole de l'espérance, et la croix qui est un gage de résurrection ; puis voyez encore ce verre d'eau bénite et ces branches d'olivier ; c'est offert aux amis qui viendront prier pour le défunt et asperger sa couche funèbre.

Comparons maintenant ces idées et cette manière de faire aux enseignements et aux procédés d'un siècle incrédule : ne dirait-on pas que la dépouille humaine ne mérite que la sépulture de l'âne (1) ? que le corps privé de vie n'est pas autre chose que le reste repoussant d'un singe perfectionné, une matière graveslente dont il faut se débarrasser au plus vite, une chose qui n'a plus de nom dans aucune langue et n'est plus soumise à d'autres lois qu'à celles de la salubrité publique ? Ah ! cette doctrine est odieuse et ceux qui en font profession sont des suppôts de Satan.

Voici maintenant que nous sortons de la famille en pleurs et que nous accompagnons à l'église le corps du défunt : quelques mots sur ce triste parcours ; quelques mots sur le saint sacrifice de la messe ; quelques mots sur l'absoute. Dans le parcours, nous voyons le prêtre, quelle que soit sa dignité, précéder le convoi ; des amis du défunt tiennent les coins du poêle, c'est un mémorial d'une coutume antérieure à l'usage des corbillards, qui était de porter les morts à bras ; et enfin, au terme du

_____

(1) *Sepultura asini sepelitur putrefactus* (Jérémie, xxii, 9).

trajet le cercueil est introduit dans le catafalque ; c'est également un souvenir de l'enterrement dans les églises. Quant à la messe *pro defuncto*, elle s'est dite de tout temps dans l'Eglise, comme nous l'enseignent en particulier saint Augustin et saint Jean Damascène ; les formes liturgiques adoptées pour la circonstance, les paroles, les chants, la couleur des ornements, tout respire une douleur mêlée d'espérance, le néant de la vie présente et la perspective d'une existence meilleure. La prose surtout surpasse en majesté, en vivacité d'images, en mouvement lyrique tout ce que les poètes et les artistes ont pu nous offrir jusqu'ici ; un auteur la qualifie en trois mots : « inspiration gigantesque, lamentation désolée, lugubre complainte chantée par le dernier des humains sur les débris du monde (1) ». Mais ici la principale chose à dire, c'est que cette messe *pro defuncto* est tout à la fois une consolation et un soulagement ; une consolation pour ceux qui restent, puisqu'elle leur est un moyen de se rendre utiles à l'être chéri qui a disparu ; un soulagement pour ce défunt, puisqu'en descendant sur l'autel, Jésus-Christ veut bien étendre sur le purgatoire une main pleine de satisfactions. L'absoute ; nous y entendons tour à tour la voix du célébrant qui prie Dieu de juger l'âme toujours plus ou moins coupable, dans sa miséricorde ; la voix du défunt qui s'élève : délivrez-moi, Seigneur, de la mort éternelle en ce jour terrible ; la voix des vivants qui répondent : Seigneur, donnez-lui le repos éternel et que pour lui luise la lumière inextinguible. Tout se termine par trois coups de goupillon et trois coups d'encensoir ; l'eau bénite chasse le démon, l'encens représente la

____

(1) *Revue encyclop.* Citation des *Annales de philosophie chrétienne.*

bonne odeur des vertus ; puis les trois coups rappellent à la sainte Trinité que le chrétien mort est son enfant.

Rapprochons de nouveau de ces augustes cérémonies les agissements de la franc-maçonnerie et de l'impiété : au moment où elles se pratiquent dans l'assemblée des chrétiens, les solidaires sont à la recherche des cadavres ; ils organisent des enterrements civils et jettent le blasphème à la face du public. Je ne calomnie ni n'exagère ; que de démarches ne font-ils pas et que d'argent n'ont-ils pas déjà déboursé pour obtenir d'un orphelin le corps de son père ou d'une veuve le corps de son mari ? Un commissaire de la Bourse de Lyon a déclaré que, dans l'espace de vingt ans, il a dû intervenir plus de dix fois, sur la demande des familles, pour faire prévaloir leur volonté contre les manœuvres de ces ignobles entrepreneurs. Viennent-ils à bout de leurs projets, ils organisent avec grand fracas un convoi funèbre de leur façon ; fleurs et couronnes, musique, drapeaux, insignes, rien n'est épargné, et, malgré tout, l'appareil est lugubre comme l'athéisme. Un grand évêque recommandait à ses diocésains de fermer portes et fenêtres sur le passage de ce cortège infernal. Quoi de plus ? Les ennemis de Dieu comblent la mesure par des paroles blasphématoires ; ils déplorent les *ténèbres de l'Evangile* ; l'absence de toute croyance, ils l'appellent *virginité* ; ce qu'ils disent en face d'un cercueil rappelle ce que Dante écrivit sur la porte de l'abîme : « plus d'espoir ». Nous ne disons pas tout, parce qu'il nous répugne de tout dire.

L'absoute terminée, l'Eglise, représentée par le prêtre et une assistance plus ou moins nombreuse, conduit le défunt à sa dernière demeure ; et, à propos de cette demeure qu'on nomme *cimetière*, il convient de remarquer trois choses : 1° que l'Eglise veut avoir à elle un coin de terre où elle puisse déposer les restes de ses enfants ;

2° que cette parcelle de terre soit bénite et traitée comme un lieu saint ; 3° que ce même lieu destiné aux sépultures chrétiennes soit et reste dans le voisinage de la maison de Dieu.

D'abord, l'Eglise réclame un coin de terre pour ses enfants qui meurent, et c'est dès son berceau qu'elle a revendiqué ce droit, témoin l'immense nécropole des siècles de persécution connue sous le nom de *catacombes* ; plus tard, lorsque l'Eglise put se montrer sans péril, elle eut ses cimetières au grand soleil et tous devinrent sa propriété exclusive, *ab his potestas secularis excludebatur.* Certes, c'est bien le moins qu'une mère soit propriétaire du dortoir où dorment ses enfants.

En second lieu, l'Eglise entend que le cimetière soit bénit solennellement par l'évêque ; à genoux devant une croix, il récite les litanies des saints et asperge d'eau bénite tout le terrain en récitant les psaumes de la pénitence. Il est vrai que le rituel romain contient une bénédiction moins solennelle qui peut être faite par un simple prêtre délégué ; mais qu'il soit bénit par le prêtre ou par l'évêque, la bénédiction reste attachée au sol et lui donne un caractère tellement sacré, qu'une réconciliation devient nécessaire, lorsque certains crimes spécifiés dans le droit canonique viennent à y être commis.

Enfin, le vœu de l'Eglise est de voir les cimetières dans le voisinage de la maison de Dieu. Par ce voisinage, elle veut nous empêcher d'oublier nos chers défunts, entretenir en nous des pensées sérieuses qui sont sœurs des pensées saintes, et nous redire sans cesse le dogme consolateur et éminemment social de la communion des saints. Tout cela est si raisonnable et si naturel, qu'il n'existe pas en Europe une seule église paroissiale, fût-elle construite depuis quinze siècles, qui n'ait été environnée de son cimetière. Paris, où règne aujourd'hui le scepticisme, avait autrefois dans son enceinte des cimetières comme ceux des Innocents, de Saint-Médard et de Saint-Sulpice.

Voilà par rapport aux défunts les pensées et les actes de notre Mère, la sainte Eglise catholique. Eh bien, une troisième fois voyons en face d'elle les représentants de la libre pensée : eux, ne veulent pas que le corps soit confié à la terre, car alors Dieu qui a dit : « Tu es poussière et tu retourneras en poussière » aurait raison ; donc ils réclament l'antique usage de la crémation des cadavres, et donnent ainsi la préférence à une coutume d'origine païenne, à une coutume que Tertullien appelle avec raison cruelle et barbare ; *atrocissime exurit*, à une coutume contre laquelle la raison proteste, car un célèbre médecin a pesé et examiné le motif qu'on met en avant pour le justifier, savoir que les corps déposés dans la terre exercent une influence sur la santé publique, et il prouve qu'il n'en est rien (1).

Nos solidaires trouvent encore trop chrétien que la demeure de nos défunts soit bénite et ils s'efforcent de la transformer en lieu profane. Est-ce que des constitutions athées n'ont pas, pour but avoué, d'arracher ce domaine sacré aux fabriques et de le transférer aux communes, c'est-à-dire de le séculariser ? Qu'on mette sur le terrain si noblement acquis Mercure avec son Caducée, le temps avec son sablier, quelques têtes de hibou et vous les entendrez chanter progrès !

Les enfouisseurs veulent enfin éloigner les cimetières de l'église, pour raison de salubrité et d'hygiène : ce n'est là qu'un mot de passe. En 1840, une Commission des plus habiles médecins, consultée sur ce point par le

______

(1) *Les cimetières et la crémation*, par le Dr MARTIN, p. 181.

baron Taylor, a donné une réponse absolument rassu-
rante. Ces médecins auraient-ils été aussi rassurés et
aussi rassurants si on leur eut parlé des estaminets, des
théâtres, des lieux de prostitution comme d'un danger
imminent pour la santé de nos citadins? Le croira qui
voudra et qui pourra !

Parlons maintenant de la sollicitude de l'Eglise pour
les défunts, lorsque le corps est retourné au lieu de son
origine et l'esprit à Dieu. Ici, nous devons supposer plutôt que prouver l'existence du purgatoire ; tout au plus
est-il nécessaire d'ajouter aux paroles de l'Ecriture et à
la voix de la tradition ce simple et court raisonnement :
Dieu est la sainteté infinie et l'infinie bonté ; en tant
qu'infiniment saint, il ne peut s'unir immédiatement à
une créature qui a contracté quelque souillure ; en tant
qu'infiniment bon, il ne peut rejeter éternellement loin
de lui cette créature qui lui a déplu sans encourir sa dis-
grâce et qui vient à lui avec le repentir et l'espérance du
pardon. Il y a donc entre le paradis et l'enfer un lieu où
certaines âmes, couvertes de la poussière de la terre, se
purifient dans des souffrances que Dieu leur fait aimer
et qu'il tempère par cet amour même. C'est le purgatoire.

Mais l'Eglise, dont la tendresse redouble plutôt qu'elle
ne s'éteint après la mort de ses enfants, vient nous an-
noncer que les peines du purgatoire peuvent être abré-
gées par nos prières et nos œuvres, et nous inviter pres-
samment à intervenir en faveur des âmes qui achèvent
de s'y purifier. Se peut-il une mission plus avantageuse,
plus douce, plus belle que celle-là? Tirer des âmes de ce
lieu de souffrance et d'exil pour les conduire dans la
maison de Dieu, n'est ce pas faire, sans dérangement et
sans fatigue, ce que fait le missionnaire au prix de son
repos et de sa vie ; procurer l'éternel bonheur à des pa-

rents dont le cœur a été pour nous le chef-d'œuvre des mains de Dieu, n'est-ce pas une des joies les plus pures de notre vie ? Nous créer dans le ciel des amis qui intercéderont pour nous et nous en ouvriront les portes, est-ce que cela n'est pas de nature à nous charmer ? C'est ainsi que, par sa maternelle sollicitude pour les morts, l'Eglise nous ménage encore, à nous qui leur survivons, d'inappréciables jouissances et d'immenses avantages.

« Admirable commerce, s'écrie à ce sujet Château-
« briand, entre les fils vivants et les parents défunts,
« entre l'époux et l'épouse, entre la vie et la mort. Que
« de choses attendrissantes dans cette doctrine! Mes œu-
« vres, à moi chétif mortel, deviennent un bien com-
« mun pour beaucoup de chrétiens, et de même que j'ai
« été atteint par le péché d'Adam, de même ma justice
« est passée en compte à d'autres. Il est doux de savoir
« qu'en donnant le pain du moment à un misérable,
« on peut donner à une âme délivrée une place éternelle
« à la table du Seigneur (1). »

Nous ne saurions terminer cette courte apologie sans répondre à un reproche des protestants qui porte sur tout l'ensemble du culte catholique : dans l'Eglise romaine, disent-ils, on préfère le latin à une langue vulgaire. Or, l'emploi du latin empêche les assistants de profiter des exercices du culte et c'est d'ailleurs un voile qu'on leur jette pour leur cacher les choses qu'ils ont le plus grand intérêt de connaître. — Prétendre qu'en célébrant les offices en latin, on ôte aux fidèles la possibilité d'en profiter, c'est comme si l'on disait que les sourds qui assisteraient à un exercice religieux, où l'on userait de la langue française, perdraient leur temps, ou bien encore que les protestants anglais, suisses, alle-

____

(1) *Génie du christianisme*. Du Purgatoire.

mands, suédois, qui, par circonstance, se trouveraient aux assemblées des protestants de France, feraient une démarche inutile : nous ne sommes pas de cet avis pour les sourds, et nos contradicteurs ne sont pas de cet avis pour les protestants. C'est donc un principe faux de dire que les prières de l'Eglise ne profitent pas à ceux qui ne peuvent les comprendre ; les prières s'adressent à Dieu, et il suffit que Dieu les entende pour qu'elles soient fructueuses ; puis, si l'Eglise pourvoit, par ses prières, même aux besoins des absents, se pourrait-il que ceux qui viennent à l'église avec esprit de foi et dévotion n'y eussent aucune part (1) ?

Quant au voile par lequel on cherche à nous cacher les choses que nous avons droit de connaître, il est si transparent, que, sur une recommandation expresse du Concile de Trente, les prêtres ayant charge d'âmes sont obligés d'interrompre la célébration des divins mystères pour expliquer, au moins en partie, ce qui s'y lit et de s'attacher spécialement à bien faire ressortir les merveilles contenues dans l'acte principal du culte (2).

Et maintenant quelles sont les raisons qui ont déterminé l'Eglise à écarter toute langue vulgaire de la célébration de ses offices et de l'administration de ses sacrements ? Ces raisons sont tirées de la dignité du culte qu'il faut respecter, de son unité et de l'unité de doctrine qu'il faut maintenir, d'une tradition antique et universelle dont il ne faut pas s'écarter. Oui, la dignité du culte est inconciliable avec l'usage d'une langue vul-

(1) « Il y a dans la douce et mystérieuse langue latine un mystère qui remplit le cœur ». (V. Hugo).

(2) Concil. Trident. Session XXII, c. 8. D'ailleurs, les livres où les prières publiques sont traduites et les cérémonies expliquées formeraient une bibliothèque.

gaire dans les divins offices ; à l'église on parle à Dieu ; serait-il convenable de lui parler la même langue que dans les rues, les places publiques et les tavernes ? Oui, l'unité de culte et de doctrine demande une autre langue que celle qui est actuellement comprise et parlée. L'unité de culte ! mais ne sait-on pas quelle consolation c'est pour le catholique de se retrouver chez lui sous toutes les zones et d'être en pays de connaissance même chez les nations dont le nom lui est à peine connu ? L'unité de doctrine ! mais saint Paul veut qu'il n'y ait parmi les fidèles qu'un seul corps, comme il n'y a qu'un seul baptême et un seul Dieu ; mais saint Jean nous assure que Jésus-Christ est mort pour rassembler et réunir toutes ses brebis dispersées dans le monde ; mais Jésus-Christ lui-même demande à son Père que ceux qu'il lui a donnés ne soient qu'un. Eh bien, pour que notre symbole reste toujours le même, il est nécessaire que notre liturgie, qui est l'expression de la doctrine, reste toujours la même, et si l'on veut que notre liturgie ne change pas, il nous faut une langue morte : les langues vivantes varient d'un siècle à un autre et, si nous en usions dans l'exercice du culte, nous serions obligés de refaire sans cesse nos livres liturgiques. Qu'en résulterait-il ? chacun le voit. Nous avons ajouté qu'il y a sur le point en question une tradition antique et universelle dont il serait fâcheux de s'écarter ; on connaît la maxime : « Tout ce qui tranche sur l'antiquité est suspect », *Nihil motum ex antiquo probabile est.* Chez les juifs qui parlaient le syriaque depuis la captivité, on continua à chanter les psaumes dans l'hébreu primitif ; en Occident, il n'y a pas une liturgie qui ne soit écrite en latin ; en Orient, la langue du temple, bien que ce ne soit pas le latin, n'est point non plus la langue du peuple ; eh bien, je le répète, il n'est pas prudent de s'engager dans une voie où tout le monde appréhende de marcher.

Qu'on nous permette en finissant d'appliquer au culte catholique en général ce que sainte Gertrude nous dit du culte du Sacré-Cœur en particulier : c'est un vase rempli de parfums qui s'élèvent journellement jusqu'au trône de la souveraine Majesté ; c'est une harpe de laquelle on tire des sons qui réjouissent les anges ; c'est une source jaillissante dont les eaux éteignent les feux du purgatoire et calment les passions de ceux qui luttent encore ici-bas. Un instant de réflexion suffirait pour découvrir dans ces quelques paroles les effets merveilleux du culte chrétien par rapport à l'Eglise triomphante, à l'Eglise souffrante et à l'Eglise militante. Si une grâce spéciale de Dieu les rend plus efficaces que tout ce qui précède, nous n'aurons qu'à applaudir.

BIBLIOGRAPHIE

Dom Guéranger. — *Institutions liturgiques*, 4 vol in-8.

Pradier. — *Les fêtes chrétiennes*, in-8.

Duchesne. — *Origines du culte chrétien.*

L'abbé Rua. — *Cours de conférences sur la religion*, 3 vol in-12.

Noct. — *Instructions sur la liturgie*, 5 vol. in-12.

Wilners. — *Lehrbüch der Religion*, 3 Eäüd.

Nicolas. — *Etudes philosophiques*, t. III.

Labbé Raffray. — *Beautés du culte catholique*, 2 vol. in-18.

L'abbé Berseaux. — *L'Eglise et le monde*, 1 vol. in-12.

L'abbé Mounard. — *Conférences dogmatiques, morales*, 3 vol.

Hettinger. — *Apologie du christianisme*, 5 vol.

L'abbé Moigno. — *Splendeurs de la Foi*, 5 vol. in-8.

L'abbé Aubert. — *Histoire et théorie du symbolisme religieux*, 4 vol in-8.

TABLE DES MATIÈRES

PREMIÈRE PARTIE

Du culte catholique en général.

FIN DE LA TABLE.

— INPRIMERIE BUSSIÈRE SAINT-AMAND (CHER)